# 어린 수학자가 발견한 도형

글쓴이 이원영 | 그린이 김순효
펴낸이 곽미순 | 기획 김주연 | 편집 이은영 | 디자인 김민서

펴낸곳 한울림어린이 | 편집 이은영 윤도경 | 디자인 김민서 이정화 | 마케팅 이정욱 김가연 | 관리 강지연
등록 2004년 4월 12일 (제318-2004-000032호) | 주소 서울시 영등포구 당산로54길 11 래미안당산1차A 상가
전화 02-2635-1400(대표) | 팩스 02-2635-1415
홈페이지 www.inbumo.com | 블로그 blog.naver.com/hanulimkids

첫판 1쇄 펴낸날 2014년 6월 25일
ISBN 978-89-98465-28-5 74410
ISBN 978-89-98465-30-8 74410 (세트)

이 도서의 국립중앙도서관 출판시도서목록(CIP)은 e-CIP홈페이지(http://www.nl.go.kr/ecip)와
국가자료공동목록시스템(http://www.nl.go.kr/kolisnet)에서 이용하실 수 있습니다.(CIP제어번호: CIP2014017372)
이 책은 저작권법에 따라 보호받는 저작물이므로, 저작자와 출판사 양측의 허락 없이는 이 책의 일부 혹은 전체를 인용하거나 옮겨 실을 수 없습니다.
* 이 책은 7살수학의 개정판입니다.
* 잘못 만들어진 책은 바꾸어 드립니다.

# 어린 수학자가 발견한 도형

이원영 글 김순효 그림

한울림어린이

### 작가의 말

### 어린이 여러분, '수학'의 세계에 첫발을 디딘 것을 환영합니다!
네? 수학은 지겹고 따분하고 어렵다고요?
맞아요. 그렇게 생각하는 어린이들도 많을 거예요.

"수정아, 오늘 문제 다 풀었어?"
"휴~, 계속 똑같은 것만 푸니까 지겹단 말이야."
"수학을 잘하려면 연산이 빨라야 한대. 그러니까 지금 많이 연습하자."

이렇게 수정이처럼 연산 풀이만 반복한다면 수학은 그저 지루한 공부일 뿐이겠지요.
하지만 수학은 절대로 지겹고 따분하고 어려운 공부가 아니랍니다.
오히려 여러분의 상상력과 창의력을 키우는 즐거운 놀이이자 활동이지요.
여러분이 이 책을 천천히 따라 하다 보면 신기하고 재미있는 수학의 세계를
발견하게 될 거예요.

### 세상의 모든 건축물 속에 숨어 있는 도형을 발견하는 시간!
이 책에서는 엘라다와 함께 신석기 시대로, 반고와 함께 청동기 시대로, 두루가와 함께 인더스 문명이 꽃피었던 시대로, 목수 노반과 함께 춘추전국시대로 역사 여행을 떠날 거예요. 그리고 각 시대에 만들어졌던 신전, 움집, 벽돌집, 나무로 지은 궁궐 등의 건축물 속에서 다양한 도형을 발견하는 즐거운 시간을 경험할 거랍니다.

바로 여러분이 '어린 수학자'가 되어 직접 역사 속에서 수학을 새롭게 발견하는 거지요. 여러분은 우리 주변의 사물 속에서 도형을 발견하는 체험을 할 거예요. 또 물건을 직접 잘라보면서 도형의 숨겨진 특징도 찾아낼 거예요.

그뿐만이 아니에요. 어린 수학자의 눈으로 바라보면 모든 문제를 수학적으로 해결할 수 있게 된답니다. 스스로 문제를 해결할 수 있는 능력이 쑥쑥 자라나게 되는 거예요. 정말 멋진 일이죠?

단, 여행을 떠나기 전에 꼭 기억해야 할 것이 있어요.
멋진 어린 수학자가 되려면 "나는 수학을 잘해!"라는 자신감과 "수학은 재미있구나!"라는 경험이 필요하다는 거예요.
주위를 보면 초등학교 1, 2학년 때 수학을 늘 100점 맞았지만, 결국 수학을 포기하는 친구들도 꽤 많아요. 이 친구들은 어릴 때부터 공부를 꾸준히 했지만, 수학적인 재미는 구경도 못해 본 경우가 대부분이지요. 그러니까 아무리 점수가 좋아도 수학에 대한 자신감과 재미를 모르면 수학을 잘하기 어려워요.

이제 걱정 마세요. 《어린 수학자 시리즈》가 여러분이 수학에 대한 자신감과 재미를 키울 수 있도록 곳곳에 기회를 숨겨 두었으니까요. 학교 가기 전부터 두고 보아도 좋고, 수학을 두려워하는 초등학생 친구들이 보아도 좋습니다.

**자, 이제 도형을 발견하기 위해 역사 속으로 시간 여행을 떠나볼까요?**
**멋진 어린 수학자의 탄생을 기대합니다!!**

## 이 책의 구성과 활용

## 어떤 내용이 담겨 있을까?

| | 주제 | 역사 동화 | 미션 | 놀이 수학 | 배경 |
|---|---|---|---|---|---|
| **1** 내가 그린 동그라미 | 동그라미가 있는 도형 | 엘라다의 커다란 동그라미 | 마을보다 큰 동그라미를 그려라! | 동그라미를 배우는 **동그라미 기계 만들기** | 신석기 시대 |
| **2** 내가 만든 뾰족한 집 | 뿔이 있는 도형 | 따뜻한 집을 짓는 반고 | 바람을 막을 수 있는 입구를 만들어라! | 도형과 뿔을 배우는 **공작 놀이** | 중국 청동기 시대 |
| **3** 내가 만든 벽돌집 | 기둥이 있는 도형 | 반듯한 집을 짓는 두루가 | 튼튼하고 높은 벽돌집을 지어라! | 기둥을 배우는 **조립 놀이** | 인도 인더스문명 |
| **4** 내가 발견한 단면 | 입체도형의 단면 | 톱을 발견한 목수, 노반 | 나무를 필요한 모양으로 잘라라! | 입체도형의 단면을 배우는 **스탬프 찍기 놀이** | 중국 춘추전국 시대 |

## 책 속으로 따라가 볼까?

### 동화로 만나는 수학

역사 동화 속 주인공들과 다양한 집을 만들어 보자!
크고 동그란 집을 지은 엘라다, 따뜻한 집을 짓는 반고, 반듯하고 튼튼한 집을 짓는 두루가, 멋진 궁궐을 완성한 노반! 동화 속 주인공들과 함께 미션을 해결해 보자.

### 내가 발견한 수학 I

앗! 미션을 멋지게 해결했더니 도형이 보여!
주인공들과 함께 집을 짓다 보면 도형의 개념을 자연스럽게 익힐 수 있어. 크고 작은 도형들도 반듯하게 그릴 수 있을 거야! 동화 속 주인공들과 건축물 속의 도형을 발견해 보자.

### 놀이로 만나는 수학

와! 놀면서 수학을 배울 수 있다고?
동그라미 기계 만들기, 공작 놀이, 조립 놀이, 스탬프 찍기 놀이 등 집에서 할 수 있는 놀이가 가득해. 이러니 수학이 재미있을 수밖에!

### 내가 발견한 수학 II

도형이 어렵지 않아!
놀이를 끝내고 나니 수학이 우리 생활 속에서 어떻게 활용되고 있는지 깨달았어. 내가 발견한 모양들이 수학에서 어떻게 쓰이는지 알고 나니 도형이 어렵지 않아!

**차례**

### 1 내가 그린 동그라미
*동그라미가 있는 도형*

| | | |
|---|---|---|
| 동화로 만나는 수학 | 엘라다의 커다란 동그라미 | 14 |
| | 내가 발견한 수학 Ⅰ | 32 |
| 놀이로 만나는 수학 | 동그라미를 배우는 동그라미 기계 만들기 | 34 |
| | 내가 발견한 수학 Ⅱ | 48 |

### 2 내가 만든 뾰족한 집
*뿔이 있는 도형*

| | | |
|---|---|---|
| 동화로 만나는 수학 | 따뜻한 집을 짓는 반고 | 54 |
| | 내가 발견한 수학 Ⅰ | 68 |
| 놀이로 만나는 수학 | 도형과 뿔을 배우는 공작 놀이 | 70 |
| | 내가 발견한 수학 Ⅱ | 84 |

 **기둥이 있는 도형**
### 3 내가 만든 벽돌집

| | | |
|---|---|---|
| **동화로 만나는 수학** | 반듯한 집을 짓는 두루가 | 90 |
| | 내가 발견한 수학 I | 108 |
| **놀이로 만나는 수학** | 기둥을 배우는 조립 놀이 | 110 |
| | 내가 발견한 수학 II | 120 |

**입체도형의 단면**
### 4 내가 발견한 단면

| | | |
|---|---|---|
| **동화로 만나는 수학** | 톱을 발견한 목수, 노반 | 126 |
| | 내가 발견한 수학 I | 142 |
| **놀이로 만나는 수학** | 입체도형의 단면을 배우는 스탬프 찍기 놀이 | 144 |
| | 내가 발견한 수학 II | 152 |

# 내가 그린 동그라미

## 동그라미가 있는 도형

우리 주위의 모든 물건들은 동그라미, 세모, 네모 등 여러 가지 모양을 가지고 있어.
그 모양을 자세히 살펴보면, 그 모양들이 선으로 이루어져 있다는 걸 알 수 있을 거야.
풍선이나 공처럼 동그란 모양은 구불구불한 곡선으로 이루어져 있고
책이나 공책처럼 네모난 모양은 반듯한 직선으로 이루어져 있지.
직선과 곡선은 무수히 많은 점들로 이루어져 있고 말야.
이렇게 점, 선, 면 들이 만나서 이루어진 모양을 우리는 '도형'이라고 불러.
그런데 아주 먼 옛날에 만들어진 건축물이나 예술작품을 보면
아주 반듯하고 커다란 도형으로 만들어진 게 많아.
도구와 기계가 없던 그 옛날에 어떻게 크고 반듯한 도형을 그렸을까?

안녕! 나는 차차야.
우린 지금부터 엄청 큰 동그라미를 그려야 해.

내 이름은 치루!

동화로 만나는 수학

# 엘라다의 커다란 동그라미

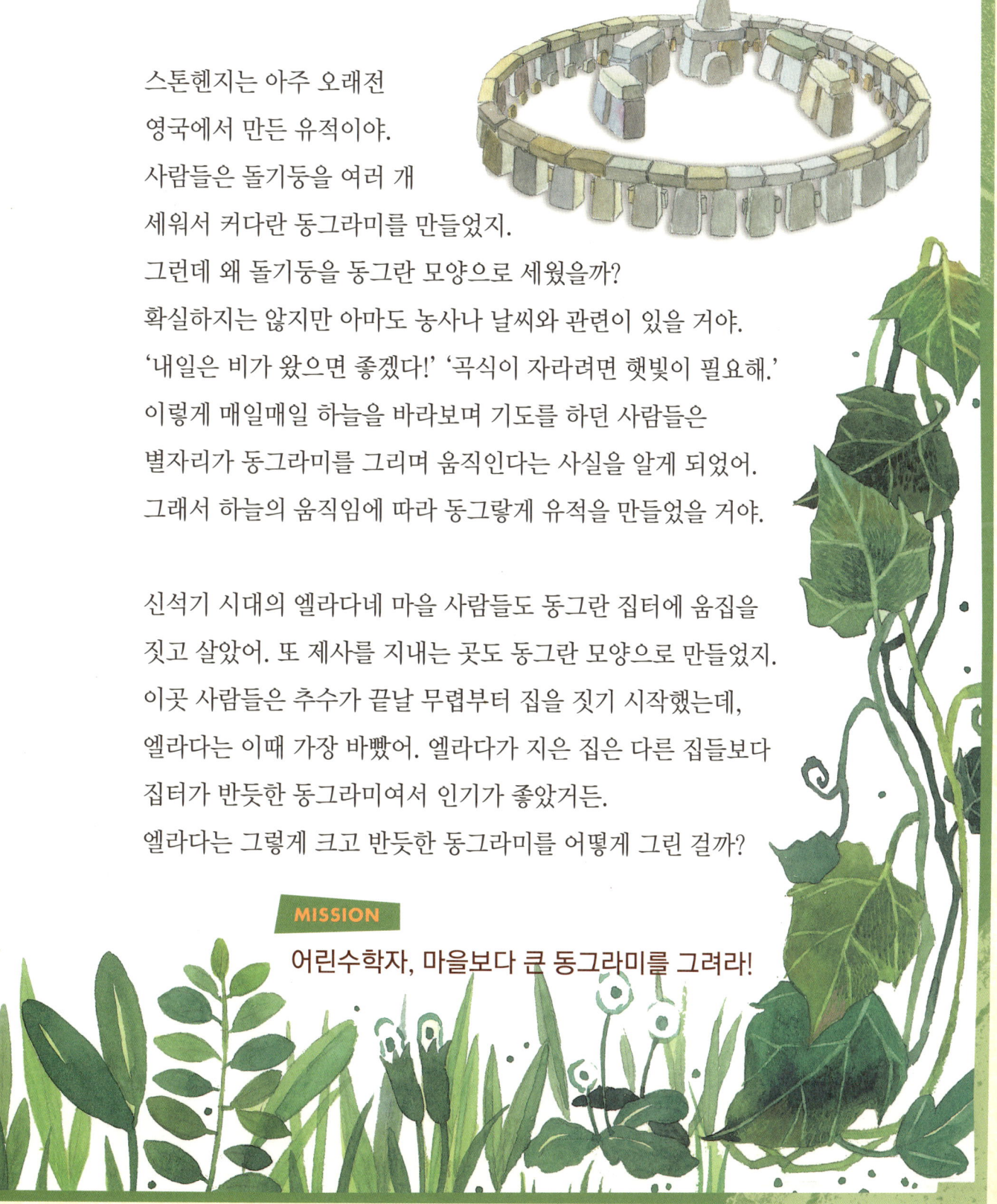

스톤헨지는 아주 오래전
영국에서 만든 유적이야.
사람들은 돌기둥을 여러 개
세워서 커다란 동그라미를 만들었지.
그런데 왜 돌기둥을 동그란 모양으로 세웠을까?
확실하지는 않지만 아마도 농사나 날씨와 관련이 있을 거야.
'내일은 비가 왔으면 좋겠다!' '곡식이 자라려면 햇빛이 필요해.'
이렇게 매일매일 하늘을 바라보며 기도를 하던 사람들은
별자리가 동그라미를 그리며 움직인다는 사실을 알게 되었어.
그래서 하늘의 움직임에 따라 동그랗게 유적을 만들었을 거야.

신석기 시대의 엘라다네 마을 사람들도 동그란 집터에 움집을
짓고 살았어. 또 제사를 지내는 곳도 동그란 모양으로 만들었지.
이곳 사람들은 추수가 끝날 무렵부터 집을 짓기 시작했는데,
엘라다는 이때 가장 바빴어. 엘라다가 지은 집은 다른 집들보다
집터가 반듯한 동그라미여서 인기가 좋았거든.
엘라다는 그렇게 크고 반듯한 동그라미를 어떻게 그린 걸까?

**MISSION**

**어린수학자, 마을보다 큰 동그라미를 그려라!**

엘라다는 그동안 살던 낡은 집을 고치는 대신 새 움집을 짓기로 했어. 집을 지을 때는 제일 먼저 장소를 정하고, 움집 크기에 적당한 동그라미를 그려야 해.

엘라다는 막대기를 땅에 대고 제자리에서 한 바퀴 돌았어.
그랬더니 제법 큰 동그라미가 그려졌지.
그런 다음 이 동그라미를 중심으로 점점 더 큰 동그라미를 그렸지.
반듯하고 예쁜 모양의 원이 금세 완성되었어.

추수가 끝나자 마을 족장들도 무척 바빠졌어.
큰 보름달이 뜨는 날, 부족들이 모두 모여 제사를 지내야 하거든.
엘라다네 마을 족장이 말을 꺼냈어.
"올해도 정성을 다해 제사 준비를 해야지요."
그러자 이웃마을 족장이 말했어.
"그런데 제사 터가 너무 좁아서 큰일입니다. 이제 제사 터 넓히는 공사를 더 이상 미룰 수 없어요."
그 말에 가장 나이가 많은 족장이 한숨을 쉬며 말했어.
"그게 어디 말처럼 쉬운 일인가?"

잠시 후, 엘라다네 마을 족장이 입을 열었어.
"저희 마을에 아주 지혜롭고 솜씨도 좋은 아이가 있습니다.
그 아이에게 방법을 찾아보라고 하면 어떨까요?"
족장들은 엘라다를 불러 일을 맡겨 보기로 했지.
"엘라다, 제삿날까지 시간이 별로 없구나. 우리 마을보다 더 큰
동그라미를 그리는 방법을 찾을 수 있겠니?
오늘부터 3일 안에 답을 찾아야 제사를 지낼 수 있단다."

마을보다 더 큰 동그라미라니! 엘라다는 고민에 빠졌어.
'마을보다 더 큰 동그라미를 그릴 수 있는 방법이 뭘까?'
엘라다는 밥도 먹는 둥 마는 둥, 잠도 자는 둥 마는 둥
하며 골똘히 생각에 잠겼어.
'족장님과 약속한 날이 내일인데……. 아, 어떡하지!
아무 방법도 떠오르지 않아.'
밤은 점점 깊어 가는데 엘라다는 잠을 이룰 수 없었어.
'어? 그런데 이게 무슨 소리지?'
집 밖에서 끙끙거리는 소리가 들려왔어.
'요 며칠 흰둥이가 말썽을 부려서 묶어 두었더니,
이 녀석도 잠을 못 이루는구나!'
엘라다는 답답한 마음에 흰둥이를 보러 밖으로 나갔어.

그런데 이게 웬일이야? 흰둥이가 밤새 동그라미를 만들었지 뭐야.
그 모양을 가만히 바라보던 엘라다는 덩실덩실 춤을 추었어.
"야호, 알아냈다! 이제 하늘만큼 큰 동그라미도 그릴 수 있어!"
낑낑거리던 흰둥이는 영문도 모르면서 엘라다를 따라 펄쩍펄쩍
뛰었어. 과연 엘라다는 무엇을 알아냈을까?

자연 속에는 동그라미가 많아. 아침에 뜨는 해, 나무 기둥과 동그란 과일…….
그래서 사람들은 오래전부터 동그라미가 완벽한 모양이라고 믿었지.
엘라다네 마을에도 동그라미가 많아. 집도 동그라미, 울타리도 동그라미…….
그리고 또 어떤 게 동그라미일까?

엘라다네 마을 사람들은 동그라미 모양으로
여러 물건도 만들었어.

음식을 끓이는 그릇도 동그라미,

물건을 담아 두는
바구니도 동그라미,

실을 만들 때 사용하는 막대에 끼우는 돌도
동그랗게 만들었지.

엘라다가 집을 짓기 위해 큰 동그라미를 어떻게 그렸는지 기억나니?

먼저 막대기를 들고 제자리에서 한 바퀴 돌며 작은 동그라미를 그렸어. 그리고 작은 동그라미 선을 따라 걸으며 막대기로 점점 더 큰 동그라미를 그렸지.

하지만 이 방법으로 마을보다 더 큰 동그라미를 그리려면 힘들겠지?

다른 어떤 도구도 사용하지 말고 여기에 큰 동그라미를 그려 보자.
어때? 반듯하게 잘 그려지니?

어, 동그라미가 자꾸 찌그러지네.

하지만 엘라다는 이제 마을보다
더 큰 동그라미를 그릴 수 있어.
지난밤 흰둥이를 보고 방법을
알아냈거든. 어떤 방법이냐고?

제일 먼저 엘라다는 마을 사람들과 함께
제사 터 한가운데 말뚝을 깊게 박았어.
그리고 아주 긴 밧줄을 말뚝에 묶은 다음,
밧줄 끝에 막대기를 달아 마을 사람들과
함께 동그라미를 그리기 시작했지.
그러자 곧 마을보다 더 큰 동그라미가 그려진 거야.
어느 한 곳도 찌그러지지 않은 완벽한 동그라미였지.

부족 사람들은 무사히 제사를 지낼 수 있었어.
그 이후로 제사 터도 해마다 점점 커졌지.
이때부터 시작한 공사는 오랫동안 계속되었어.
그리고 수백 년이 지나자 이곳은 정말 몰라보게 달라졌어.
엘라다의 후손들이 엄청나게 커다란 돌을 옮겨와서
멋진 기념물을 완성한 거야. 어때, 정말 굉장하지?

## 내가 발견한 수학 I

옛날 옛날에 10원짜리 동전들이 모여 사는 마을이 있었어.
10원짜리 동전들은 혼자 자는 게 무서웠지.
"누가 나랑 같이 잘래?"
10원짜리 동전 하나가 다른 동전들에게 물어 보았어.
"나랑 같이 자자."
"나도 같이 자자."
10원짜리 동전 하나 주위로 다른 10원짜리 동전들이 몰려들었어.
10원짜리 동전을 둘러싼 동전들은 모두 몇 개일까?

겁이 많은 50원짜리 동전들도 모아 보자.

50원짜리 동전 하나를 둘러싸려면 50원짜리 동전이 몇 개 필요할까?

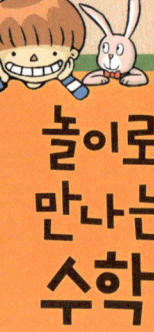

## 놀이로 만나는 수학

동그라미를 배우는

# 동그라미 기계 만들기

이번에는 **크고 작은 동그라미**를 그릴 수 있는
기계를 만들어 보자. **내가 만든 동그라미**로
어떤 그림을 그려 볼까?

 동그라미 기계를 만들자.

**준비물** 피자 박스, 압정, 연필, 종이, 두꺼운 도화지, 송곳, 가위

구멍을 뚫을 때는 조심조심!

## 종이 컴퍼스 만들기

두꺼운 도화지를 긴 네모 모양으로 잘라 송곳으로 연필심이 들어갈 만한 구멍을 여러 개 뚫어.

두꺼운 도화지 길이는 박스 길이의 반 정도가 좋아.

## 2 동그라미 기계 만들기

박스 위에 박스보다 조금 작은 흰 종이를 올려놓은 후, 종이 컴퍼스 한쪽 끝을 박스 한가운데에 놓고 압정을 꽂아야 해.

박스 한가운데 압정을 꽂아야 해.

우와, 동그라미를 예쁘고 쉽게 그릴 수 있어!

## 3 동그라미 그리기

종이 컴퍼스의 다른 쪽 구멍에 연필심을 꽂고, 압정을 중심으로 한 바퀴 돌려 봐. 어때? 동그라미가 그려지지?

크기가 똑같은 동그라미 두 개가 서로 만나면 어떤 그림을 그릴 수 있을까?

작은 동그라미가 큰 동그라미 속에 들어가면
어떤 그림을 그릴 수 있을까?

내가 만든 동그라미 작품을
붙여 보자.

 긴 동그라미 기계를 만들자.

**준비물** 실 25cm, 20cm, 15cm, 10cm 각각 1개, 종이 1장, 피자 박스, 압정 2개, 연필

풀리지 않게 잘 묶어야 해.

1 25cm 실 양 끝을 묶으면 고리를 만들 수 있어.

2 피자 박스 위에 흰 종이를 올리고, 종이 가운데에 압정 2개를 3cm 간격으로 꽂는 거야.

**3** 종이 위에 실로 만든 고리를 올리고, 고리 안쪽에 연필을 넣어 팽팽히 잡아당겨 볼까?

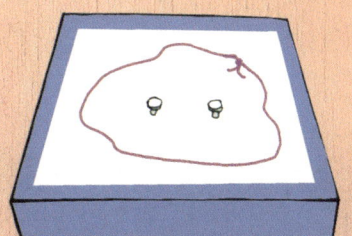

**4** 팽팽한 상태로 연필을 계속 돌리면 긴 동그라미를 그릴 수 있어.

**5** 20cm, 15cm, 10cm 실로 만든 고리로 더 작고 긴 동그라미도 그려 보자.

동그라미를 이용해서 태양계를 그려 보자.
태양계에는 태양과 수성, 금성, 지구, 화성과 같은 행성이 있는데,
태양과 행성은 모두 동그랗게 생겼어.
행성이 지나가는 길 역시 긴 동그라미 모양이야.

먼저 동그라미 기계로 태양에서 가까운 행성을 4개만 그려 보자.
행성 중에서 가장 작은 행성은 무엇일까?

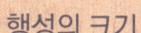

수성

화성

금성

지구

수성이 제일 작으니까 먼저 그리고 화성, 금성, 지구 순서대로 그려야지.

다음에는 긴 동그라미 기계로 행성들이 움직이는 길을 그려 볼까?

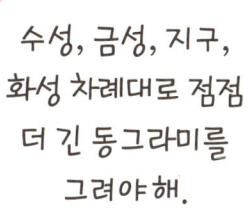

수성, 금성, 지구, 화성 차례대로 점점 더 긴 동그라미를 그려야 해.

## 내가 발견한 수학 II

오래전 사람들이 살았던 집은 바닥이 대개 동그라미 모양이었어. 동그란 집은 어떤 점이 좋을까?

집이 넓어 보인다. 그치?

모스크바의 성당 지붕은 양파처럼 생겼어.
이 지역은 눈이 많이 오기 때문에 눈이 쌓이지
않도록 경사가 급한 동그라미 모양으로 지었지.

여기 있는 집들은
움집처럼 생겼네.

타지마할의 지붕은
둥근 공 모양이야.
또 양옆에 세운 높은 탑도
바닥을 동그라미
모양으로 만들었지.

요즘에는 건물 바닥을 동그란 모양으로 짓는 게 흔치 않아.
하지만 경기장이나 극장처럼 공연을 하기 위해 지은 건물은 대개 동그란 모양으로 만들지.

시드니의 오페라 하우스는 요트에 있는 돛 모양으로 만들었대.

경기장 모양이 공을 잘라 놓은 것처럼 생겼네.

또 바다에 있는 등대나 비행장에 있는 관제탑도 동그란 모양으로 만들어. 그런데 왜 이런 건물들은 특별히 동그란 모양으로 만들었을까?

여기 있으니까 사방이 다 보이는구나.

51

# 내가 만든 뾰족한 집

### 뿔이 있는 도형

처음 집을 짓기 시작할 무렵에는 집 짓는 기술이 별로 없었어.
그래서 땅을 파고 그 주위로 나무나 갈대를 비스듬히 세운 다음,
위에서 한데 모아 지붕을 만들었지.
이렇게 만든 집을 옆에서 보면 뾰족지붕만 있는 세모 모양이야.
뾰족지붕만 있는 집은 별다른 기술이 없어도 쉽게 만들 수 있었고,
비가 내리거나 눈이 오거나 바람이 불어도 안전했어.
그런데 한 가지, 문을 열 때마다 바람이 너무 많이 들어오는 게 문제였지.
어떻게 하면 **뾰족한 집**에 바람이 들어오지 않도록 할 수 있을까?

동화로 만나는 수학

# 따뜻한 집을 짓는 반고

아주 오랜 옛날, 중국의 황허 강 근처에는 피라미드처럼
뾰족하게 생긴 움집을 짓고 사는 사람들이 있었어.
황허 강 유역은 땅이 좋아서 농사가 잘 되었는데,
그러다보니 사람들이 점점 많아져서 마을도 커졌대.

반고네 식구도 1년 전 이 마을로 이사 와 살기 시작했어.
반고는 어릴 때부터 아버지에게 집 짓는 법을 배워서
지금은 혼자서도 척척 집을 잘 짓는 청년이야.
그런데 한 해를 지내고 보니 겨울에 무척 추운데다가
바람이 심하게 불어서 감기에 자주 걸리는 거야.
집을 지을 때 작은 창문 하나도 만들지 않았는데
집에 드나드는 입구 때문에 바람을 막을 수가 없었어.
반고는 추위를 막을 수 있는 방법을 찾을 수 있을까?

### MISSION
어린 수학자, 바람을 막을 수 있는 입구를 만들어라!

오늘도 반고는 추위를 피하는 방법을 찾기 위해 고민을 하며
나무를 다듬고 있었어. 그때 이웃 할머니가 반고를 찾아왔어.
"반고, 우리 집을 새로 지어 줄 수 있겠니? 시간이 좀 걸려도
좋으니, 집 안에 바람이 한 점도 안 들어왔으면 좋겠어."
"네, 할머니! 틈 하나 없이 꼼꼼하게 지을게요."
할머니는 고개를 끄덕이면서도 한숨을 푹 내쉬었어.
"아무리 꼼꼼히 지어도 문을 열 때마다 찬바람이
들어와서 온몸이 시리고 아프네."
반고는 할머니에게 문을 열어도 찬바람이
들어오지 않는 방법을 꼭 찾겠다고 약속했어.

어느 날, 반고는 길에서 우연히 지나가던 유목민 가족을 만났어.
이곳저곳을 돌아다니며 생활하는 유목민 가족은 반고에게
북쪽 마을 이야기를 해 주었지.
"북쪽 마을은 이곳보다 바람이 사납고 훨씬 추워요. 그런데 문을
열어도 바람이 안 들어오는 입구가 달린 신기한 집을 본 적이 있어요."
반고는 북쪽 마을에 직접 가 보기로 했어.

반고는 사람들에게 물어물어 겨우 입구가 있는 집을 찾았어.
"아하! 이렇게 입구를 만들어 주면 집 안으로 바람이 들어가지 않겠군요."
그런데 기뻐하는 반고와 달리 집주인은 실망스러운 이야기를 하는 거야.
"처음에는 집에 바람이 들어오지 않아서 정말 좋았다네.
그런데 비나 눈이 올 때마다 물이 스며들어 입구가 조금씩 썩지 뭔가?
이젠 집을 다시 지어야 할 형편이라네."
"물이 흘러내릴 수 있게 입구를 만들면 어떨까요?"
"글쎄, 어떤 모양으로 만들면 될까?"

반고는 방법을 찾지 못한 채 터벅터벅 발걸음을 집으로 향했어.
'물이 잘 흘러내리려면 어떤 모양으로 입구를 만들어야 할까?'
반고가 생각에 잠긴 채 유목민 마을을 지나는데, 눈길을 끄는 텐트가 있었어.
다른 텐트는 반고네 마을 집 모양과 비슷한데, 한 가지는 처음 보는 모양이었거든.
'아! 저런 모양으로 입구를 만들면 되겠다.'
반고의 얼굴에 환한 미소가 퍼졌어.

반고는 할머니네 집을 짓기 위해 땅을 네모 모양으로 파기 시작했어.
아주 먼 옛날 사람들은 땅을 파고 지붕만 올려 집을 지었거든.
자, 이제 바닥 모양에 맞는 지붕을 만들 차례야.
반고는 지붕을 만들기 시작했어.

할머니네 집에는 어떤 지붕이 어울릴까?

반고는 할머니네 집에 찬바람이 들어오지 않도록 진흙과 지푸라기를 꼼꼼히 채워 넣으며 지붕을 만들었어.
이제 문을 열어도 찬바람이 들어오지 않도록 새로운 모양의 입구를 만들 차례야. 반고는 유목민 마을에서 보고 온 텐트 모양 중에서 할머니네 집에 딱 맞는 입구 모양을 생각해 두었어.

할머니네 집에는 어떤 모양의 입구를 만들어야 할까?
새로 만드는 입구는 뾰족한 집과 잘 이어져야 해.
물론 비나 눈이 와도 물이 스며들지 않아야 하지.

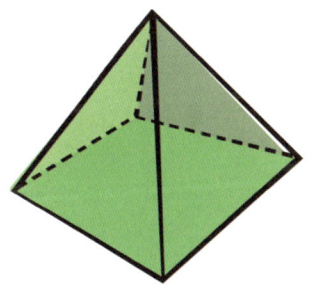

이런 모양으로 만들면 집과 연결이 되지 않아서 입구로 쓸 수가 없어.

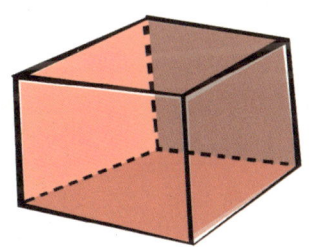

이렇게 만들면 북쪽 마을 집처럼 물이 스며들겠지?

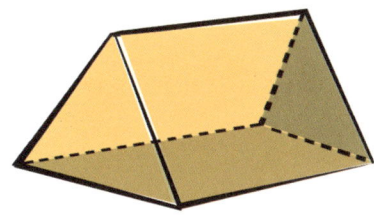

이 모양이라면 집과 연결도 되고, 물도 잘 흘러내릴 거야.

드디어 할머니 집이 완성되었어.
반고가 문 앞에 새로 단 입구는 겨울에
바람을 막아줄 뿐만 아니라, 비가 아무리
많이 와도 끄떡없었지.
할머니는 따뜻한 집이 생겼다고 아주
좋아하셨어.
반고는 북쪽 마을 아저씨에게도 좋은
방법을 알려 주었어.
이제 아저씨네 집에도 물이 스며들지
않을 거야.

## 내가 발견한 수학 I

나라마다 기후가 다르기 때문에 지붕 모양이 조금씩 달라.

스위스는 겨울에 눈이 아주 많이 내려서 지붕이 무너질 정도야. 그래서 지붕을 아주 뾰족하게 만들지.

우리나라는 비나 눈이 적당히 오는 기후라서 지붕이 적당히 벌어져 있어.

이집트는 일 년 내내 비가 오지 않고 햇볕이 뜨거워서 지붕을 평평하게 만들어.

## 놀이로 만나는 수학

도형과 뿔을 배우는

# 공작 놀이

종이 띠로 벌렸다 오므렸다 신나게 **춤을 추는 도형**을 만들어 보자.
또 색종이만 있으면 **뾰족한 집**도 여러 개 만들 수 있어.

 춤추는 도형을 만들어 보자.

**준비물** 두꺼운 종이, 자, 가위, 펀칭, 할핀

▎두꺼운 종이를 잘라 4cm, 9cm, 12cm, 15cm 종이 띠를 각각 10개 만들자.

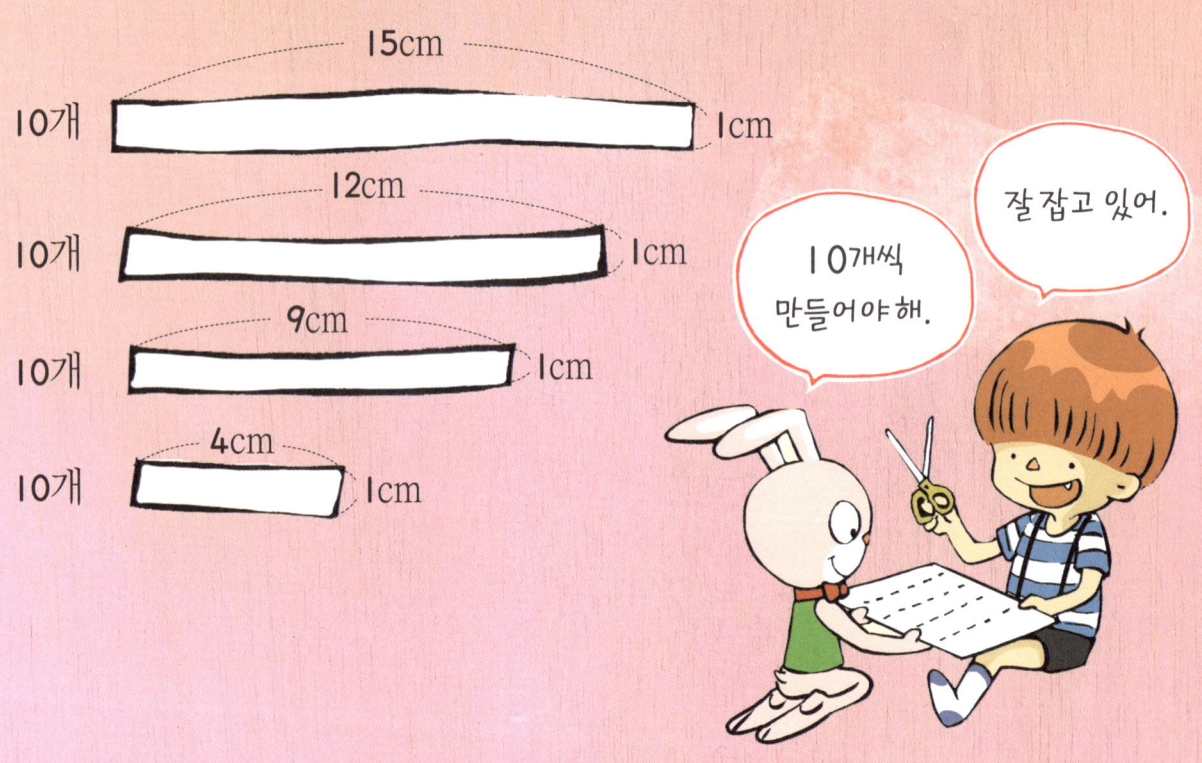

**2** 종이 띠 양끝을 조심스럽게 잡고 펀칭으로 구멍을 뚫어 보자.
너무 끝에 구멍을 내면 종이 띠가 찢어질 수 있으니까 조금 안쪽에 구멍을 뚫어야 해.

**3** 종이 띠와 종이 띠를 할핀으로 연결하면 다양한 도형을 만들 수 있어.

세모를 만들려면 종이 띠와
할핀이 각각 몇 개 필요할까?

할핀 3개와 종이 띠 3개를 준비했어.
이 중에서 세모를 만들 수 없는 것은 무엇일까?

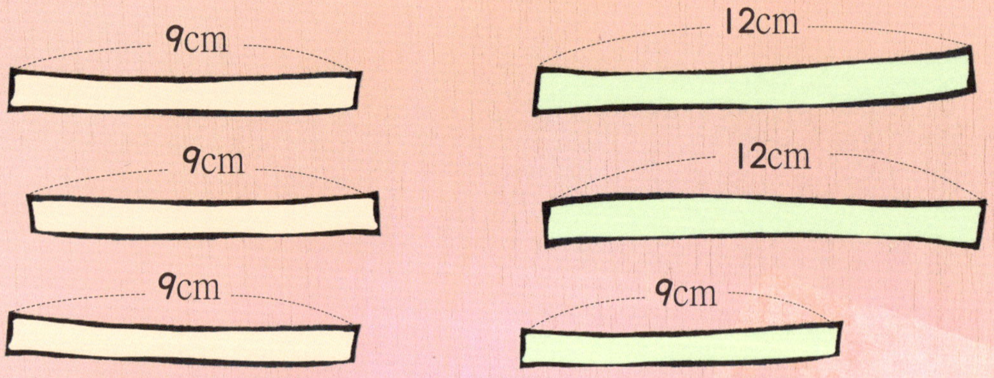

9cm
9cm
9cm

12cm
12cm
9cm

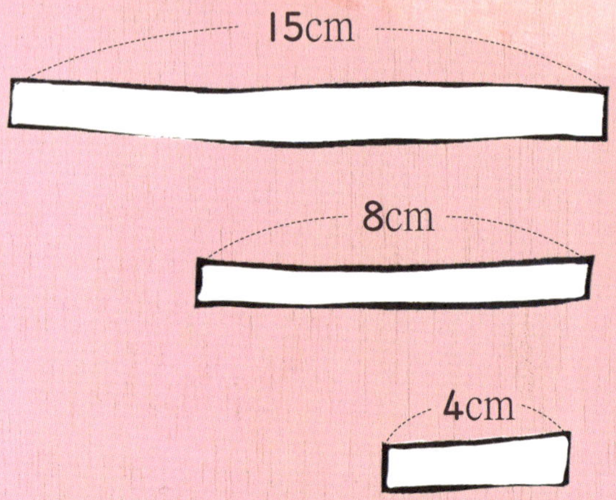

15cm
8cm
4cm

아래에 있는 도형을 만들려면 종이 띠와 할핀이 각각 몇 개 필요할까?

|  | 종이 띠 | 할핀 |
|---|---|---|
| ■ | 개 | 개 |
| ⬡ | 개 | 개 |
| ⬟ | 개 | 개 |

종이 띠로 만든 도형들이 춤을 추고 있어.
새로운 모양을 만들면서 말야.
그런데 꼼짝도 하지 않는 몸치가 있네.
다음 도형 중에 움직이지 않는
몸치는 누구일까?

맞아! 세모야. 세모는 도형 중에서 가장 모양이 변하지 않기 때문에 튼튼한 친구야. 그래서 집을 지을 때는 세모 모양으로 많이 짓지.

야호, 신난다!

 바닥이 동그란 원뿔 집을 만들어 보자.

**준비물** 도화지, 색종이, 가위, 풀, 동그라미 기계(36~37쪽 참고)

1 원뿔 집을 만들려면 동그라미, 세모, 네모 색종이 중에서 어떤 모양이 좋을까?

네모로는 만들 수 없어.

동그라미는 어떨까?

2 세 가지 모양 색종이의 중심에서 끝까지 선을 그리고 가위로 선을 잘라 봐. 그 다음, 뾰족하게 뿔이 생기도록 종이를 말아 보자. 원뿔을 만들 수 있는 것은 무엇일까?

3 동그란 색종이를 둥글게 말면 원뿔 모양의 집을 만들 수 있어.

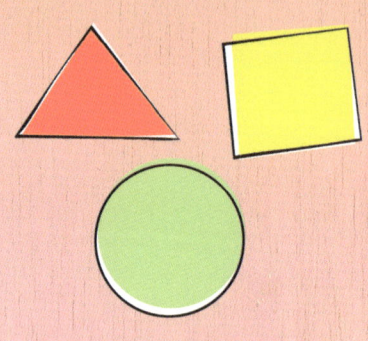

**4** 이번에는 동그라미 기계 위에 도화지를 올려 놓고, 큰 동그라미를 그려 보자. 그 다음, 동그라미 안에 작은 동그라미를 하나 더 그려 보자.

동그라미 기계를 이용하면 쉽게 그릴 수 있어.

작은 동그라미를 오리고, 문도 오려야지!

**5** 큰 동그라미와 작은 동그라미를 모두 오리고 두 개의 동그라미를 잇는 선을 그려 자르면 돼. 선의 반대쪽에는 문도 만들어 주자.

**6** 다 오린 도형을 둥글게 말아서 풀칠하면 이렇게 연기 구멍과 문이 있는 원뿔 모양의 집을 만들 수 있어.

 바닥이 세모, 네모처럼 반듯한 각뿔 집을 만들어 보자.

**준비물** 정삼각자, 가위, 풀, 색종이, 연필, 투명 테이프

**1** 그림처럼 색종이를 반으로 접어 보자.

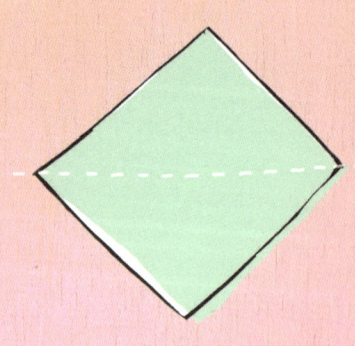

색종이를 포개지 말고 중심점만 찾아야 해.

**2** 세모를 반으로 접어서 그림처럼 중심점을 찾아 연필로 표시한 다음, 다시 펼치는 거야.

중심점

**3** 색종이 아랫변 왼쪽에 삼각자의 한 변을 포개고, 색종이의 중심점과 삼각자의 꼭짓점을 맞춘 다음 삼각자를 따라 직선을 그려 보자.

**4** 색종이에 그린 직선을 따라 색종이를 접은 다음, 오른쪽도 접어 보자.

 **5** 색종이를 뒤집어서 그림처럼 잘라 보자. 색종이를 펼치면 어떤 모양이 나올까?

**6** 색종이를 펼치면 이런 모양이 나오지?
이것을 정육각형이라고 해.

**7** 정육각형의 중심선을 하나 잘라 보자. 그리고 말아서 세모를 하나씩 포개 볼까? 세모를 포갤 때마다 바닥 모양이 세모도 되고, 네모도 되는 여러 가지 모양의 각뿔 집을 만들 수 있어.

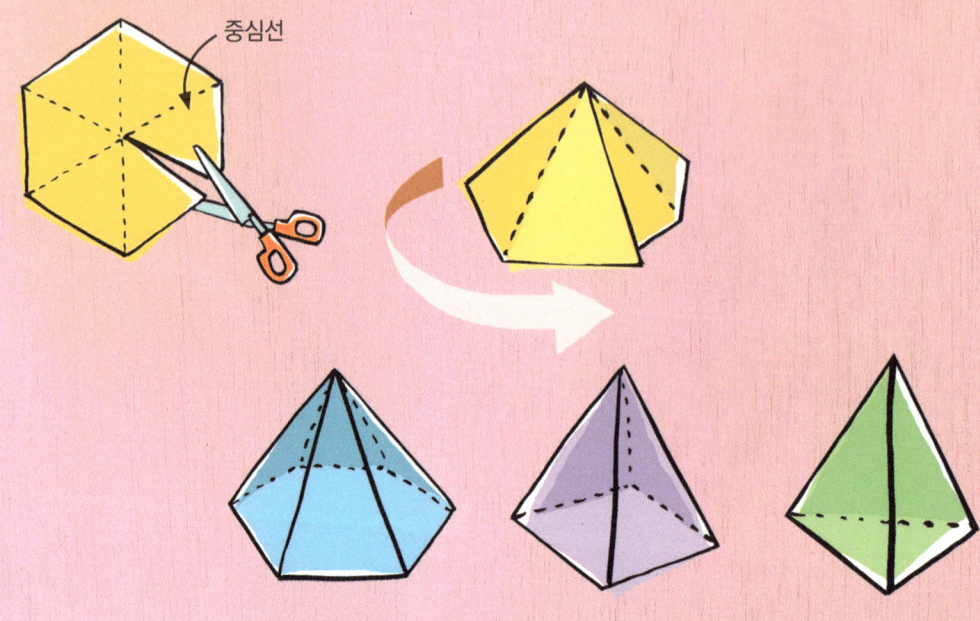

자, 이제 원뿔 집과 각뿔 집을 투명 테이프로 도화지에 붙여 보자. 어때? 반고처럼 뾰족한 집을 만들 수 있지?

## 내가 발견한 수학 II

옛날에는 기둥을 세우는 기술이 없어서 뾰족지붕으로 만든 집이 많았어. 인디언들은 나무를 세워서 뼈대를 만들고, 그 위에 물소 가죽을 덮어 '티피'라는 집을 만들었지. 아프리카 사람들도 나무를 이용해서 뾰족한 집을 만들었어.

티피는 이동할 때 편리한 집이야.

아프리카에 사는 사람들이 만든 집은 고깔모자처럼 생겼네.

피라미드는 요즘 건물과 비교해도 꽤 높은 편이지만, 오랫동안 무너지지 않았어.
그 이유는 피라미드가 세모 모양으로 만들어졌기 때문이야.

세모가 얼마나 튼튼한 모양인지 알겠지?
시간이 흘러 튼튼한 기둥을 세우는 기술이 발견되면서
세모를 쓰지 않아도 높은 건물을 지을 수 있게 되었어.
뾰족한 뿔은 주로 지붕에 쓰였지.

# 내가 만든 벽돌집

## 기둥이 있는 도형

벽돌 쌓기를 해 본 적 있니? 벽돌을 높이 쌓으려면 밑면과 윗면의 모양이 똑같고
반듯한 벽돌을 사용해야 해. 그래야 높이 쌓아도 벽돌이 무너지지 않아.
벽돌을 높이 쌓으면 바닥에서 반듯하게 서 있는 기둥이 생기는데,
이런 방법으로 사람들은 벽돌집을 지었어.
하지만 오래전에 살던 사람들은 반듯하고 튼튼한 벽돌을 만들지 못해서
벽이 비뚤비뚤했어. 물론 높은 집도 지을 수 없었지.
어떻게 하면 반듯하고 단단한 벽돌을 만들어 높은 벽돌집을 지을 수 있을까?

## 동화로 만나는 수학

# 반듯한 벽돌집을 짓는 두루가

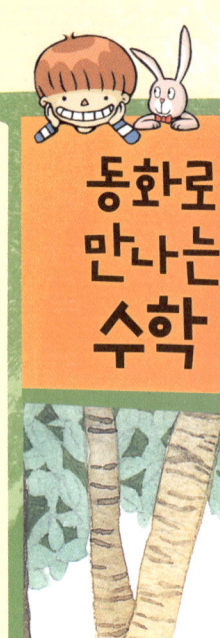

모헨조다로는 파키스탄에 있는 유적지야.
이곳에 살던 사람들은 진흙으로 도자기를 빚어 뜨거운
가마에 구워서 사용했어. 또 집을 지을 때도 진흙을 사용했는데,
대개는 진흙으로 벽돌을 만든 다음 뜨거운 햇볕에 말려 사용했지.
이곳은 햇볕이 너무 뜨거워서 사람들은 지붕을 평평하게 만들고,
땅에서 올라오는 열을 피해 지붕에서 주로 지내곤 했대.
또 집 안을 시원하게 하려고 벽도 최대한 높게 쌓았지. 하지만 햇볕에
말린 벽돌은 그리 튼튼하지 않아서 높이 쌓을 수 없었어.

두루가는 이 도시에 살았던 아이야. 엄마 아빠는 농사를 지어 농작물을
도시에 내다팔았어. 바쁜 부모님을 대신해서 두루가는 동생들을
돌보며 항아리 만드는 일을 했지. 식구들이 모두 열심히 일한 덕분에
두루가네 집은 점점 부유해졌어. 그런데 행복한 시간도 잠시,
두루가네 가족에게 큰일이 닥쳤지 뭐야.
무슨 일이 생겼는지 두루가네 집으로 얼른 가 보자.

**MISSION**

**어린 수학자, 튼튼하고 높은 벽돌집을 지어라!**

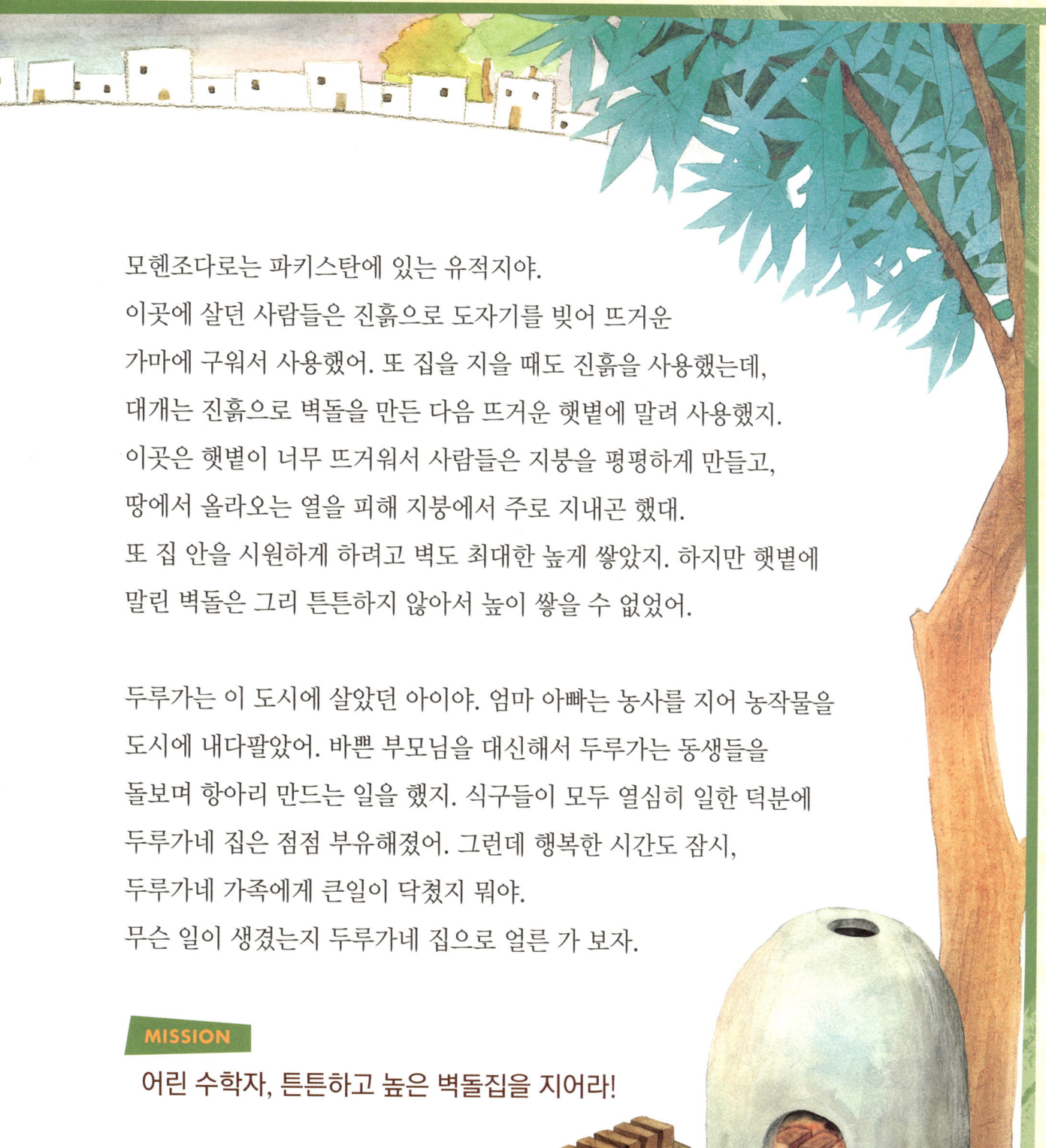

오늘도 두루가네 가족은 바쁜 하루를 시작했어. 엄마와 아빠는 농장에 나가고, 두루가는 동생들을 돌보았지. 집안일이 끝나자 두루가는 물레 앞에 앉았어. 항아리를 만들어야 했거든.
'어제 가져온 진흙이 고와서 좋은 항아리를 만들 수 있겠어.'
한참 동안 물레질에 열중하고 있는데 갑자기 타는 냄새가 나기 시작했어. 깜짝 놀라 돌아보니 불이 깔개에 튄 거야. 불은 순식간에 깔개를 태우고, 장작에 옮겨 붙었어.

두루가는 재빨리 동생들과 집 밖으로 피했지만, 집은 모두 타버렸어.
슬픔에 잠긴 두루가네 집으로 이웃사람들이 찾아왔지.
"우리가 집 짓는 것을 도와줄 테니 힘내세요."
사람들은 무너진 벽돌을 치우는 일부터 시작했어.

그런데 벽돌을 치우던 두루가는 이상한 점을 발견했어.
유독 화덕 주변의 벽돌들은 잘 부서지지 않는 거야.
두루가는 가만히 화덕 주변의 벽돌을 두드려 보았지.
'어, 이 벽돌은 가마에 구운 항아리처럼 단단하잖아!
그럼 집을 지을 때 벽돌을 가마에 구우면 어떨까?'
두루가는 단단한 벽돌을 만들 수 있을 것 같아 가슴이 두근거렸지.

두루가와 이웃사람들은 진흙으로 벽돌을 만들기 시작했어.
여럿이 만들다 보니 벽돌의 크기와 모양이 조금씩 달랐지.
'이 중에서 반듯하고 크기가 비슷한 벽돌만 골라야겠다.'
하지만 벽돌을 고르는 데는 너무 시간이 오래 걸렸어.

벽돌로 집을 지으려면 반듯한 벽돌로 기둥을 쌓아야 해.
다음 중 기둥을 쌓을 수 없는 도형에 ×표를 해 보자.

두루가네 마을 사람들은 위아래가 모두 네모 모양이고
반듯한 벽돌로 집을 지었어.

다음 중 위아래 모양이 다르거나 반듯하지 않은 벽돌에 ×표를 해 보자.

두루가는 가장 반듯해 보이는 벽돌을 하나 골랐어.
서로 마주보는 면의 모양과 크기가 똑같은 벽돌로 말이야.
'모든 벽돌을 이 벽돌처럼 반듯하고 크기도 똑같게 만들려면
어떻게 해야 할까?'

한참을 벽돌만 바라보던 두루가는 좋은 생각이 떠올랐어.
'아! 반듯한 벽돌과 똑같이 생긴 틀을 만들면 되겠다!
틀 속에 진흙을 꽉 채워 넣으면 반듯하고 똑같은
크기의 벽돌이 나올 거야.'

두루가는 틀을 이용해 벽돌을 만들기 시작했어.
이제 누가 만들어도 반듯하고 똑같은 크기의 벽돌이 나와.
"자, 벽돌을 가마에 넣고 구우세요. 그럼 단단한 벽돌이
만들어질 거예요."
사람들은 벽돌을 가마에 넣고 굽기 시작했어.

가마에 넣고 구운 벽돌은 도자기처럼 단단했어.
게다가 모양이 반듯해서 집도 반듯하게 세워졌지.
두루가는 곰곰이 생각했어.
'이렇게 단단한 벽돌이라면 이층집도 지을 수도 있겠어.
이층집은 바닥에서 더 높이 올라가니까
지붕에서 잘 때 훨씬 시원하겠지?'

두루가는 집 안에 우물도 만들기로 했어.
두루가네 마을 사람들은 돌을 쌓아 우물을 만들었는데,
돌이 흔치 않다 보니 우물도 귀했거든.
하지만 이제 가마에 구운 벽돌이 있으니
우물 만드는 일도 어렵지 않을 거야.
'그런데 우물 바닥은 어떤 모양으로 만들면 좋을까?'

두루가는 벽돌을 동그란 기둥 모양으로 쌓아 우물을 만들기로 했어.
그래야 많은 사람들이 어느 방향에서도 물을 길을 수 있거든.

우물은 윗면도 바닥도 동그라미! 똑같이 생겼네.

위아래에 있는 동그라미에 색칠해 보자.

드디어 두루가네 이층집이 완성되었어.
사람들이 모두 집 구경을 하는데, 이웃집 할머니가 꼼짝도 못하는 거야.
"집 위에 또 집이 있다니! 나는 무서워서 못 올라가겠다."

하지만 이층집은 할머니의 걱정과 달리 튼튼했을 뿐만 아니라, 마을에서 가장 시원한 집이 되었어. 이제 두루가네 가족들도 오랜만에 새집에서 단잠을 잘 수 있을 거야.

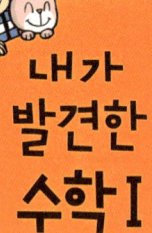

## 내가 발견한 수학 I

투명 테이프와 종이로 높은 기둥을 만들어 보자. 바닥 모양은 동그라미, 세모, 네모로 모두 다르지만 바닥에서 반듯하게 서 있어.

이 중에서 가장 튼튼한 기둥은 무엇일까?
기둥 위에 동화책을 한 권씩 올려 보자.
종이가 찌그러질 때까지 책을 계속 올리면 어떤 기둥이 가장 튼튼한지 알 수 있겠지? 책을 가장 많이 올릴 수 있는 기둥은 어떤 기둥일까?

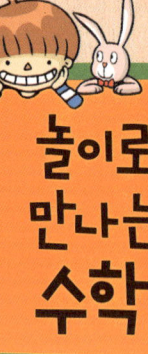

# 놀이로 만나는 수학

기둥을 배우는

# 조립 놀이

여러 가지 모양의 도형을 조립하여
**기둥**도 있고, **지붕**도 있는 집을 만들어 보자.
집을 모아서 멋진 마을도 만들어 보자.

 기둥과 뿔 지붕이 있는 집을 만들어 보자.

**준비물** 컬러점토, 길고 짧은 이쑤시개

1 컬러점토를 길게 굴리자.

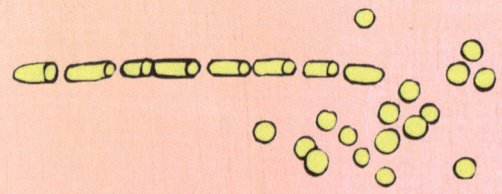

2 컬러점토를 작게 잘라 작은 공을 여러 개 만들어야 해.

3 작은 공에 이쑤시개를 연결하면 여러 가지 도형을 만들 수 있어.

**4** 컬러점토와 이쑤시개로 세모와
네모를 만들어 보자.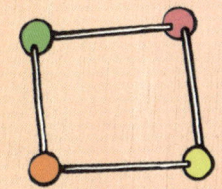

**5** 좀 더 여러 개를 연결하면
오각형과 육각형도
만들 수 있어.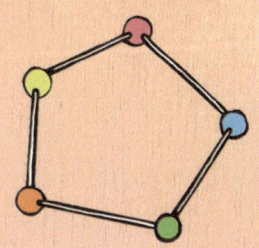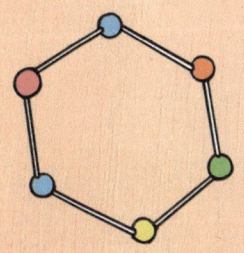

난 풍차를
만들 거야.

난 고슴도치를
만들어야지.

**6** 기둥을 만들려면 똑같은 도형이 2개 필요해.
똑같은 도형을 각각 2개씩 만들어 보자.

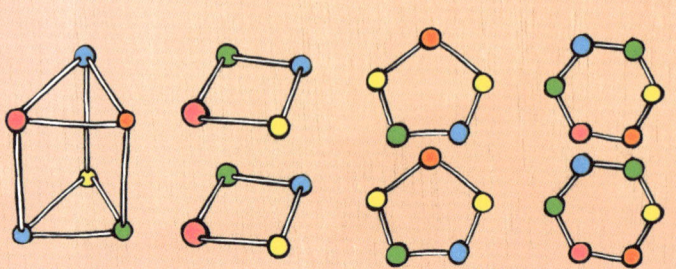

점토가 약간 굳은 후에 기둥을 세워야 해.

**7** 똑같이 만든 도형 2개 중에 하나를 바닥에 놓고 이쑤시개를 꽂아 기둥을 세운 다음, 그 위에 남은 도형을 얹어 보자.
기둥을 세울 때 직각자를 사용하면 바닥에서 반듯하게 세울 수 있어.

나는 비스듬히 서 있어.

기둥을 직각자처럼 반듯하게!

**8** 이번에는 세모와 네모를 한 개만 만들어 보자.
세모와 네모에 있는 점토마다 이쑤시개를 꽂아
한곳으로 모으면 뾰족한 뿔이 생기지.

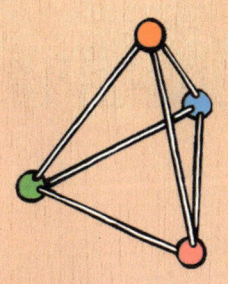
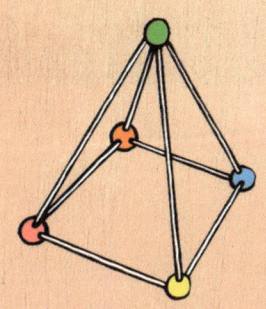

**9** 오각형과 육각형도 하나씩 만들어 보자.
점토마다 이쑤시개를 꽂아 한곳으로 모으면
여러 가지 모양으로 뿔을 만들 수 있어.

내가 이쑤시개를 잘 모을게.

이제 점토만 붙이면 뾰족지붕 완성!

바닥이 동그란 기둥과 지붕을 만들어 볼까?

**준비물** 색종이, 풀, 가위, 동그라미 기계(36~37쪽 참고)

1 이쑤시개는 반듯한 직선이라서 동그란 모양을 만들 수 없어.

앗, 찌그러졌다.

치루, 끝을 잘 붙여 줘.

2 바닥이 동그란 기둥은 색종이로 만들어야 해. 색종이 한쪽에 풀을 바르고, 둥글게 말아 붙이자.

동그란 기둥 완성!

바닥이 둥근 집에 어울리는 뾰족한 지붕을 만들어야지.

**3** 동그라미 기계에 색종이를 놓고 동그라미를 그린 후 색종이를 동그랗게 오려 보자.

이렇게 붙이면 동그란 뿔 지붕 완성!

**4** 동그라미 한쪽을 자르고 풀칠한 다음 뾰족하게 말면 바닥이 동그란 뿔 지붕을 만들 수 있어.

**5** 동그란 기둥 위에 동그란 뿔 지붕을 올리면 동그란 기둥과 동그란 뿔 지붕이 있는 집을 만들 수 있어. 아주 잘 어울리지?

지금까지 만든 기둥과 지붕을 모두 모으면 커다란 마을을 만들 수 있어.
지붕만 있는 집, 기둥만 있는 집, 반듯한 기둥에 뾰족한 지붕이 있는 집…….
우와, 멋진 마을이 되었네!

### 내가 발견한 수학 II

사람들은 오래전부터 벽돌을 이용해서 다양한 집을 지었어. 벽돌은 반듯하고 튼튼하기 때문에 높은 건물도 세울 수 있었지. 중세 시대에는 대포가 발명되면서 사람들은 원통 모양의 탑을 세우기 시작했어. 둥근 대포알은 원통형 벽을 부수지 못하고 굴러떨어졌거든.

치루, 바닥이 둥근 기둥을 찾았니?

물론! 바닥이 둥글고 뾰족한 지붕도 찾았는걸.

요즘 건물들은 대부분 네모 모양이야.
옆 모양뿐만아니라, 바닥이나 위에서 본 모양도
모두 네모지. 그래서 사람들은 도시를
바둑판 모양이라고 해.

위에서 보니까 네모가 정말 많지?

아이쿠, 어지러워!

하지만 때때로 세모난 땅을 가진 사람은 바닥이 세모 모양인 건물을 짓기도 해.

우와~, 바닥은 세모 모양인데, 옆에서 보니까 네모로 보인다!

# 내가 발견한 단면

## 입체도형의 단면

어떤 물건을 잘랐을 때 보이는 모양을 '단면'이라고 해.
귤이나 사과처럼 우리가 자주 먹는 과일은 잘린 모양을 많이 보았을 거야.
하지만 처음 보는 과일의 단면은 상상하기가 쉽지 않지.
목수는 집을 짓기 위해 필요한 모양으로 나무를 잘라야 해.
그러려면 나무를 자르기 전에 어떤 단면이 나올지 알고 있어야겠지.
만약 자르기 전에 어떤 모양이 나올지 모른다면 나무를 망쳐버릴 거야.
그래서 물건을 자르기 전에 어떤 단면이 나올지 알아내는 것은 무척 중요해.
그런데 옛날엔 단단한 나무를 어떻게 잘랐을까?

자, 이 나무를 세로로 길게 잘라서 기둥을 여러 개 만들 거야.

뭐라고? 이 단단한 나무를 어떻게 잘라?

**동화로 만나는 수학**

# 톱을 발견한 목수, 노반

옛날 중국의 춘추전국 시대에는 크고 작은 나라가 여럿 있었어.
각 나라마다 왕도 한 명씩 있어서 세상은 조용할 날이 없었지.
그러다 쇠로 물건을 만드는 방법이 알려지자 세상은 더욱 시끄러워졌어.
힘이 센 사람들이 쇠로 무기를 만들어 큰 전쟁을 일으켰거든.
하지만 쇠로 만든 물건을 좋은 곳에 사용하는 사람들도 있었어.
그 사람들이 바로 나무로 집을 짓는 목수와 농사를 짓는 농부였어.
목수는 쇠로 만든 망치와 도끼를 이용해서 집을 더 빠르게 지었고,
농부는 쇠로 만든 농기구로 농사를 더 많이 지을 수 있었지.

노나라에는 노반이라는 목수가 살고 있었어.
노반은 집을 짓는 사람들 중에서도 우두머리였는데,
집 짓는 사람들뿐 아니라 노나라 사람들 모두에게 존경을 받았대.
집 짓는 실력이 정말 뛰어났기 때문이야.
노반이 나무 다루는 솜씨를 구경해 보자!

### MISSION

**어린 수학자, 나무를 필요한 모양으로 잘라라!**

노반의 집 짓는 솜씨가 얼마나 뛰어났는지, 노나라뿐만 아니라 이웃나라에서도 노반을 모르는 사람이 없었어.
덕분에 노반의 집은 목수 일을 배우고 싶어 찾아오는 젊은이들과 노반에게 집을 지어 달라고 찾아오는 부자들로 항상 붐볐지.

노반의 소문은 궁궐까지 퍼졌어. 그런데 이번에 노반이 사는 나라에
성격이 몹시도 급한 사람이 새로운 왕이 되었대.
왕은 당장 노반을 불러들였지.
"노반, 네가 뛰어난 목수라는 소문을 들었다.
지금부터 딱 1년을 줄 테이니,
새 궁궐을 완성도록 하라! 알겠느냐?"

집으로 돌아온 노반의 걱정은 이만저만이 아니었어.

'도끼로 필요한 나무를 자르고 다듬는 데만 해도 1년이 더 걸릴 텐데!'

노반은 서둘러 제자들과 산으로 올라가 도끼로 나무를 베기 시작했어.

하지만 며칠 지나지 않아 모두 기진맥진해 버렸지.

그러던 어느 날, 노반은 지쳐서 산을 내려오다 그만 풀에 손을 베었지 뭐야.

'왜 부드러운 풀에 손을 벨까?'

풀을 뽑아 살펴보니 풀 잎사귀에 가시처럼 생긴 날이 있는 거야.

'아! 철판을 잘라서 풀 잎사귀 모양으로 날을 만들면 나무도 쉽게 자를 수 있지 않을까?'

노반은 풀 잎사귀를 들고, 당장 대장간으로 달려갔어.
그리고 대장장이에게 철판을 풀 잎사귀처럼 뾰족뾰족하게
잘라 달라고 했지. 대장장이는 노반의 말대로 날이 뾰족뾰족한
철판을 만들었어. 노반이 이 철판으로 나무를 자르자,
커다란 나무가 순식간에 두 동강이 났지 뭐야.
노반은 이 신기한 철판을 '톱'이라고 불렀어.

노반과 제자들은 톱을 이용해서 순식간에 많은 나무를 자를 수 있었어. 톱질에 익숙해지자, 톱의 방향에 따라 나무의 단면이 어떻게 달라지는지도 알게 되었지. 노반과 제자들은 원하는 모양이 나올 수 있게, 가로로 세로로 비스듬히 열심히 나무를 잘랐어.
이제 톱 덕분에 궁궐 짓는 시간은 훨씬 빨라질 거야.

궁궐 터에는 산에서 옮겨온 통나무 다듬는 작업이 한창이야. 통나무를 네모 기둥으로 만들려면 사방을 잘라야 해. 그래서 지금 목수들이 통나무를 쓱싹쓱싹 가로로 자르고 있어.
이렇게 자른 나무를 정해진 자리에 세우면 궁궐 기둥이 되는 거야.

한쪽에서는 네모 기둥으로 다듬은 나무를 다시 자르고 있어.
궁궐 마루에는 길고 얇은 네모 모양의 나무판자가 많이 필요해.
네모 기둥을 어느 방향으로 잘라야 할까?

궁궐 담장 밖에서는 뾰족한 대나무 담장을 만들고 있어.
둥근 대나무를 어느 방향으로 잘라야 뾰족하고
긴 동그라미 모양이 나올까?

노반과 제자들은 톱 덕분에 1년도 되지 않아
궁궐을 완성할 수 있었어. 그런데 이게 웬일이야?
궁궐이 다 지어질 무렵, 노반을 두려움에 떨게 한 왕이 쫓겨난 거야.

새로운 왕은 신하들과 궁궐을 둘러보고 깜짝 놀랐어.
"이렇게 훌륭한 궁궐을 짓는 데
정말 1년도 채 걸리지 않았단 말이냐?"
수척해진 모습의 노반이 대답했어.

"예, 황공하오나 저도 믿어지지 않사옵니다."
노반은 그동안 힘들었던 일이 하나씩 떠올랐어.
하지만 그 덕분에 톱을 발견할 수 있었다고 생각하니,
그간의 고생이 씻은 듯이 사라지는 것 같았지.
왕은 최선을 다해 궁궐을 멋지게 지은 노반에게
큰 상을 내렸어.

## 내가 발견한 수학 I

야채 죽을 만들자.

먼저 야채 죽에 들어가는 야채를 아주 작게 썰어야 해.

## 놀이로 만나는 수학

입체도형의 단면을 배우는

# 스탬프 찍기 놀이

**지우개**로 **스탬프**를 만들어서 찍기 놀이를 할 거야.
지우개의 단면에 따라 다양한 모양을 만들 수 있지.
또 여러 가지 **물건을 직접 잘라 단면**을 살펴보자.

 지우개로 스탬프 찍기 놀이를 해 보자.

**준비물** 여러 가지 모양의 지우개, 칼, 스탬프잉크

먼저 상자 모양의 지우개를 잘라 보자.

1 지우개를 세로로 잘라 스탬프잉크를 묻혀 찍으면 어떤 모양이 나올까?

2 지우개를 가로로 자르면 어떤 모양이 나올까?

3 지우개를 비스듬히 자르면 어떤 모양이 나올까?

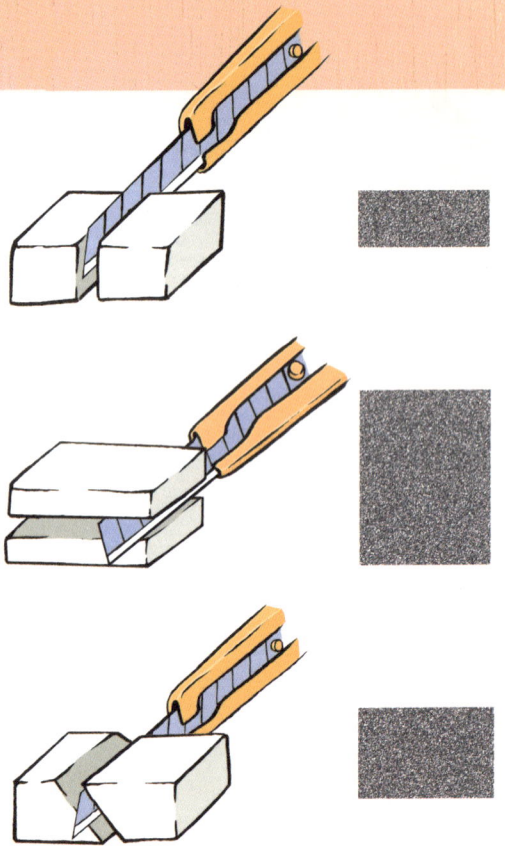

여러 가지 모양의 지우개를 자른 다음 스탬프로
찍은 모양을 이용해서 재미있는 그림을 완성해 보자.

눈사람을
만들어 볼까?

난 양손으로
찍는다.

우리 주변에는 여러 가지 모양의 물건이 있어.
이번에는 지우개처럼 직접 자를 수 있는
물건을 모아 보자.

물건을 잘라서 오른쪽과 같은 모양이 나오려면 어떻게 잘라야 할까?
같은 물건이라도 자르는 방향에 따라 단면의 모양이 달라지지.

하지만 어떤 물건들은 직접 자르기 어려워.
만약 물건의 단면을 보여 주는
텔레비전이 있다면
어떤 모양을 볼 수 있을까?

으악~ 어쩌지?
냉장고를 자르다니!
차차 모르게 나 혼자
아이스크림 먹었는데.

## 내가 발견한 수학 II

사람들은 오래전부터 물건을 잘라서 필요한 물건을 만들었어.
그런데 원하는 모양의 물건을 만들려면 자르기 전에
어떤 단면이 나올지 미리 상상할 수 있어야 해.

또 지구의 단면을 보여 주거나 땅이나 바다의 단면을 보여 주는 모형도 있어. 이런 모형이 있으면 이해하기 어려운 내용도 쉽게 알 수 있어.

와, 지구 속이 이렇게 생겼구나.

차차, 네 몸속이 보여!

땅을 자르면 이렇게 여러 층이 나온다는 거지?

**부모님 보세요!**

아이들이 학교에 입학하면서 수학은 부모님에게 짐이 되는 경우가 많습니다. 아이들이 수학 공부를 지겨워하고 싫어하기 때문이지요. 이웃 엄마에게 조언을 구하기도 하고, 이런저런 수학 문제집을 아이에게 풀어 보게 하지만, 아이들은 오히려 이즈음부터 본격적으로 수학과 멀어집니다. 그렇다고 공부를 안 시킬 수도 없고, 억지로 시킬 수도 없고 참 어렵지요.

그 이유가 무엇일까요? 혹시 아이들에게 연산 풀이만 반복시키거나, 정답만을 요구했기 때문은 아닐까요? 물론 모든 수학 문제에는 정답이 있습니다. 하지만 문제를 푸는 과정에는 정답이 없습니다. 문제를 해결하는 방법은 얼마든지 다양합니다. 이 과정에서 아이들 스스로 발견하고 해결하는 성취감을 경험하지 못한다면 수학은 아이들에게 그저 지루한 학습일 뿐입니다.

### ★ 역사 속에서 재미있게 배우는 동화 수학

수학을 잘하려면 '자신감'과 '재미'를 갖는 게 가장 중요합니다. 수학을 잘할 수 있다는 자신감은 아이를 어려운 문제 앞에서도 씩씩해지도록 만듭니다. 또 수학이 재미있다고 느껴지는 순간부터 수학은 더 이상 어려운 공부가 아닙니다. 당장 점수가 좋아도 수학에 대한 자신감과 재미를 모르면 수학을 계속 잘하기 어렵습니다. 이 책은 역사 동화를 통해 아이들에게 수학에 대한 자신감과 재미를 안겨 줍니다. 학습을 위해 만들어낸 스토리텔링이 아닌, 아이들이 역사 속에서 직접 수학의 개념을 발견하고 깨우치는, 진정한 의미의 수학 동화입니다.

### ★ 생각하는 힘을 키우는 창의 수학

사실, 수학은 참 매력적인 학문입니다. 왜냐하면 수학을 통해 많은 사고를 할 수 있기 때문입니다. 수학을 연산 풀이나 암기로만 알고 있는 분들이라면 그 생각을 먼저 깨야 합니다. 서술형 문제를 떠올려 보면 금세 알 수 있을 거예요. 생각하는 능력이 없으면 문제 안에 숨겨진 규칙과 지시 사항을 이해할 수 없습니다. 수학을 잘하려면 '수학적'으로 '사고'해야 합니다.

### ★ 생활 속에서 경험하는 놀이 수학

수학은 원리를 아는 것도 중요하지만, 익숙해질 때까지 연습해야 하는 부분도 많습니다. 이럴 때 놀이는 아주 좋은 방법이지요. 이 책은 주로 반복해야 할 부분을 실생활에서 할 수 있는 재미있는 놀이로 만들었습니다. 책 속에 있는 놀이는 수학놀이 중에서도 초등학생 친구들이 가장 좋아하고 효과적인 것만 골랐습니다.

# 어린 수학자가 발견한 도형

 **1 내가 그린 동그라미**

**동그라미가 있는 도형**  원의 원리를 알고, 원과 원의 관계를 배울 수 있습니다.
사람들이 완전한 동그라미를 만들고 싶었던 신석기 시대로 여행을 떠납니다. 만일 아이들도 책 속의 주인공처럼 완전한 동그라미를 그리는 방법을 찾을 수 있다면 고등학교까지 활용할 수 있는 원의 가장 중요한 원리와 기초를 깨우쳤다고 믿어도 됩니다.

**2 내가 만든 뾰족한 집**

**뿔이 있는 도형**  세모의 특징을 알고, 뿔이 있는 입체도형의 개념을 이해할 수 있습니다.
중국의 청동기 시대로 찾아가 세모 모양의 입구를 만들며 삼각형의 중요한 성질을 배울 수 있습니다. 또한 우리 주변에 있는 다양한 건축물에서 사용되는 삼각형을 찾다보면 삼각형의 특징뿐만 아니라, 각뿔과 원뿔 등 세모와 관련이 있는 입체도형의 특징까지 배울 수 있습니다.

**3 내가 만든 벽돌집**

**기둥이 있는 도형**  네모의 특징을 알고, 기둥이 있는 입체도형의 개념을 알 수 있습니다.
인도의 인더스 문명에서 사용된 벽돌을 만드는 이야기로 시작합니다. 튼튼한 집을 짓기 위해 반듯한 네모로 만들어야 하는 과정을 이해하며, 네모와 네모로 만들어진 직육면체의 원리를 배울 수 있습니다. 또한 '반듯하다'는 말을 통해 '직각'의 개념도 자연스레 익힐 수 있습니다.

 **4 내가 발견한 단면**

**입체도형의 단면**  단면의 개념과 평면도형과 입체도형의 관계를 알 수 있습니다.
점이 모여 선, 선이 모여 평면, 평면이 모여 입체를 이루지만 반대로 입체를 자르면 평면이 됩니다. 이러한 원리를 집 짓는 목수 노반의 이야기를 통해 자연스럽게 알 수 있습니다. 평면도형과 입체도형의 관계를 배울 수 있으며, 직접 단면을 관찰하는 생활 속 놀이도 실려 있습니다.

어린 수학자 시리즈 전체 구성

## 어린 수학자가 발견한 문자와 기호

| 장 제목 | 주제 | 동화 제목 | 미션 | 놀이 수학 | 배경 |
|---|---|---|---|---|---|
| 1장 내가 발견한 말 | 언어와 수학 | 꼬마 원시인 루시 | 소리와 몸짓으로 필요한 약초를 찾아라! | 언어 이해력을 키우는 카드 말놀이 | 구석기 시대 |
| 2장 내가 만든 기호 | 기호와 수학 | 그림 그리는 아이 모모 | 기호가 있는 그림지도를 완성하라! | 기호의 개념을 익히는 보물찾기 놀이 | 구석기~ 신석기 시대 |
| 3장 내가 만든 숫자 | 숫자와 수학 | 수메르 족장 길가메시 | 내가 만든 숫자로 빵의 개수를 기록하라! | 십진법을 익히는 점수판 탁구 놀이 | 청동기 시대 |
| 4장 내가 사용한 서수 | 서수의 활용 | 아리안의 올리브 나무 | 올리브 나무의 위치를 찾아라! | 위치를 알려 주는 말놀이 퍼즐 | 청동기 시대 |

## 어린 수학자가 발견한 수와 셈

| 장 제목 | 주제 | 동화 제목 | 미션 | 놀이 수학 | 배경 |
|---|---|---|---|---|---|
| 1장 내가 만든 연산기호 | 연산기호의 의미 | 서기가 된 파라메수 | 나만의 연산기호를 만들어라! | 연산기호를 배우는 동전 쌓기 놀이 | 이집트 19왕조 |
| 2장 내가 발견한 셈 | 10 이내의 덧셈과 뺄셈 | 시장에 간 파라메수 | 손가락셈으로 구리와 신발을 바꿔라! | 10의 보수를 배우는 카드놀이 | 이집트 19왕조 |
| 3장 내가 발견한 올림 | 올림이 있는 덧셈 | 손을 다친 파라메수 | 손가락을 쓰지 말고 물건 값을 셈하라! | 올림이 있는 덧셈을 배우는 가게 놀이 | 이집트 19왕조 |
| 4장 내가 발견한 내림 | 내림이 있는 뺄셈 | 왕이 된 파라메수 | 손가락을 쓰지 말고 남은 구리 조각을 돌려주어라! | 내림이 있는 뺄셈을 배우는 문구점 놀이 | 이집트 19왕조 |

## 어린 수학자가 발견한 도형

| 장 제목 | 주제 | 동화 제목 | 미션 | 놀이 수학 | 배경 |
|---|---|---|---|---|---|
| 1장<br>내가 그린 동그라미 | 동그라미가 있는 도형 | 엘라다의 커다란 동그라미 | 마을보다 큰 동그라미를 그려라! | 동그라미를 배우는 동그라미 기계 만들기 | 신석기 시대 |
| 2장<br>내가 만든 뾰족한 집 | 뿔이 있는 도형 | 따뜻한 집을 짓는 반고 | 바람을 막을 수 있는 입구를 만들어라! | 도형과 뿔을 배우는 공작 놀이 | 중국 청동기 시대 |
| 3장<br>내가 만든 벽돌집 | 기둥이 있는 도형 | 반듯한 집을 짓는 두루가 | 튼튼하고 높은 벽돌집을 지어라! | 기둥을 배우는 조립 놀이 | 인도 인더스문명 |
| 4장<br>내가 발견한 단면 | 입체도형의 단면 | 톱을 발견한 목수, 노반 | 나무를 필요한 모양으로 잘라라! | 입체도형의 단면을 배우는 스탬프 찍기 놀이 | 중국 춘추전국시대 |

## 어린 수학자가 발견한 측정

| 장 제목 | 주제 | 동화 제목 | 미션 | 놀이 수학 | 배경 |
|---|---|---|---|---|---|
| 1장<br>내 몸으로 만든 자 | 길이 | 낚싯줄을 사러 간 첫따라기 | 가장 긴 낚싯줄을 찾아라! | 길이를 배우는 뼘자 만들기 | 한국 고조선 |
| 2장<br>내가 찾은 그릇 | 들이 | 첫따라기의 할미그릇 | 한 자루의 콩을 똑같은 들이로 나누어라! | 들이를 배우는 계량컵 만들기 | 한국 고조선 |
| 3장<br>내가 발견한 저울 | 무게 | 거상의 딸, 오늘이 | 물건의 무게를 정확히 잴 수 있는 저울을 찾아라! | 무게를 배우는 달걀 피자 만들기 | 한국 고대 국가 |
| 4장<br>내가 발견한 시계 | 시간 | 장삿길에 오른 오늘이 | 시계 없이 약속 시간을 정하라! | 시간을 배우는 시계 만들기 | 한국 고대 국가 |